AF586849

NOTICE

HISTORIQUE ET CHRONOLOGIQUE

SUR LES CHATEAUX

DE VILLESAVIN

ET DE

HERBAULT EN SOLOGNE

AVEC PLUSIEURS GRAVURES A L'EAU-FORTE

PAR

A. STORELLI

ASSOCIÉ CORRESPONDANT DE LA SOCIÉTÉ DES ANTIQUAIRES DE FRANCE

PARIS

LIBRAIRIE D'ART L. BASCHET

125, BOULEVARD SAINT-GERMAIN

M DCCC LXXXIII

LE CHATEAU

DE VILLESAVIN

Non loin de Bracieux, près du village de Tour en Sologne, se trouve, sur la rive droite du Beuvron, le château de Villesavin, dont la seigneurie, l'une des plus anciennes du Blaisois, est mentionnée dans une vente consentie au profit du comte de Blois, Guy de Châtillon premier du nom, le samedi d'avant la Chandeleur, en 1315 [1]. Elle appartenait, deux cents ans plus tard, à Jeanne du Ru, femme de N..... le Chat, dame de Ruye et de Villesavin, qui, par un acte du jeudi 16 août 1515 passé par-devant Guillaume Chuyer, lieutenant du prévôt de Bracieux, déclare entre autres choses « à Charles de Barbançon, écuyer, demeurant audit lieu de Villesavin..., qu'elle était dame propriétaire de toute la terre de Villesavin, et quoiqu'elle n'en eût que la jouissance de la moitié, l'autre étant occupée à titre d'usufruit en forme de douaire par demoiselle Anne Fricon, veuve de Pierre de la Rondine, écuyer, et lors femme dudit Charles de Barbançon, à condition de faire faire toutes les réparations convenables dans ladite terre pour la moitié; que, nonobstant cette condition, ladite Anne Fricon avait laissé tout tomber en ruine, et qu'elle s'offrait de faire les réparations à ses dépens, sauf son recours contre lesdits

1 Cartulaire de Jean de Villesavoir, Archives nationales, KK 894. — Chalmel, dans le tome IIIe de l'*Histoire de Touraine*, nomme Charles de Tranchelion, seigneur de Palluau et de Villesavin à la fin du XIVe siècle.

sieur et dame, duquel offre elle demandait acte[1]... » Jeanne du Ru laissa en mourant cette seigneurie à Hubert le Chat, son fils.

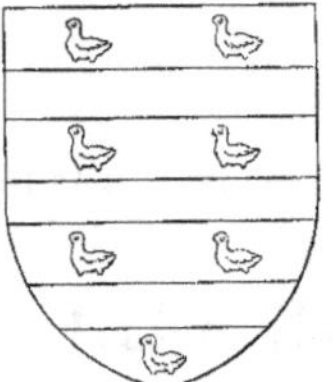

Le Chat. — D'argent à trois fasces de gueules, accompagnées de sept merlettes de sable 2 2 2 et 1.

Hubert le Chat, écuyer, seigneur de Ruye, Thenay et Rilly, échangea, le 6 novembre 1525, avec Louise de Tonnerre, veuve de Méry de Beauvillier, et Claude son fils, le lieu, terre et seigneurie de Tracy avec toutes ses dépendances, leur appartenant, contre « un lieu appelé Villesavyn, assis en la paroisse de Tour près Blois, lui appartenant de son propre héritage, à lui échu par le décès de Jeanne du Ru, sa mère, et en outre 800 livres tournois[2] ». Claude de Beauvillier ne garda pas longtemps la terre de Villesavin; elle appartenait en effet, en 1527, à Jean Breton, secrétaire du roi et de ses finances, à qui François Ier, par lettres données à Saint-Germain-en-Laye le 3 janvier de cette année, accorda le droit de « panage et chauffage dans la forêt de Boulogne[3] ».

Breton ou Le Breton. — D'azur au chevron d'argent au chef cousu de gueules, chargé de trois besans d'or.

Jean Breton, chevalier, seigneur de Villandry, Colombier, Sa-

[1] Carrés de d'Hozier, t. 57, p. 227.

[2] Acte reçu à Blois par Pierre Lemoyne et Jean le Moigne : Carrés de d'Hozier, t. 177, p. 298. — La seigneurie de Tracy était située sur les paroisses de Pierrefitte-sur-Sauldre et Nouan-le-Fuzelier.

[3] Archives nationales, KK 899 et P 2878[3].

vonnières et Villesavin, baron de Montdoucet, nous est présenté par l'Hermite Soulier[1] comme un « gentilhomme aussi brave que sage et judicieux, capable de conseil comme de la guerre ». Ayant suivi François Ier en Italie, il se trouva à la funeste journée de Pavie, où il partagea le destin de beaucoup d'autres seigneurs, et perdit la liberté en essayant de défendre celle du roi. De retour en France, Jean Breton, administrateur du comté de Blois et président de la chambre des comptes[2], fut chargé de la conduite et des payements des importants travaux de Chambord; et c'est pendant qu'il remplissait cette délicate mission (1537) qu'il se décida à faire construire le château que nous pouvons encore admirer aujourd'hui, bien qu'il ne soit plus tel que Bernier l'a dépeint[3]. La description magnifique qui nous en a été laissée ne doit pas étonner, si l'on réfléchit que le seigneur de Villesavin était en relations continuelles avec cette armée d'artistes de tout genre appelés à la décoration de la nouvelle demeure royale; et il est aisé de reconnaître dans les gracieuses sculptures des lucarnes de Villesavin, encore à peu près intactes aujourd'hui, les mêmes qualités de finesse et d'élégance que l'on admire à Chambord. Nous ignorons la date précise de la mort de Jean Breton[4]; mais nous voyons dans *les Maisons Royalles* de Félibien que « le 27 mars 1543, Sa Majesté, par lettres patentes données à Anet, commist damoiselle Anne Gédouin, veuve de messire Jean le Breton, seigneur de Villandry, conseiller du roi et secrétaire de ses finances, pour avec le controlleur des bastiments de Chamborg, et Jacob Coquereau, maître maçon, faire tous les devis et marchez desdits bastiments[5] »; et « le 23 may 1545 le roy, par autres lettres expédiées à Châteaudun, donne à la demoiselle de Villandry la conciergerie, charge et garde des chambres et meubles du chasteau de Chamborg ».

Anne Gédouin mourut vers 1547, laissant trois enfants, deux

[1] *Histoire généalogique de la noblesse de Touraine.*

[2] En remplacement de Raoul Hurault.

[3] D'après cet historien, la terre de Villesavin aurait été donnée à Jean Breton, en récompense du zèle qu'il avait déployé lors de la construction de Chambord : la date des lettres citées plus haut (janvier 1527), au moment même où cette construction fut commencée seulement, nous semble démentir absolument cette assertion.

[4] Selon Chalmel, Jean Breton serait mort en 1556, ce qui est inadmissible d'après les lettres de François Ier citées plus loin.

[5] Voir les lettres de François Ier à la demoiselle de Villandry, mars et juin 1544, datées d'Amboise et de Fontainebleau, prouvant que cette charge n'était pas purement honorifique. (Bibliothèque nationale, manuscrits, fonds français no 3091.)

fils dont l'aîné Claude remplaça son père dans les différentes charges qu'il avait occupées à la cour : le second fut lieutenant des gendarmes du roi de Navarre; et une fille, Léonor, dame d'honneur de Marguerite de France, mariée à N..... du Goguier[1], conseiller du roi et secrétaire de ses finances. Cette dernière hérita de Villesavin, et fut, le 8 septembre 1568, « commise au gouvernement de la maison, chasteau et bastiment de Chambort, vacant par la mort de feu sieur du Gauguier, » son mari, par lettres données à Saint-Maur-des-Fossez, et prêta serment à ce titre le 20 juin 1569[2]. Malgré nos recherches, nous n'avons pu savoir à quelle époque la terre de Villesavin cessa d'appartenir à Léonor Breton ou à sa descendance. Une lettre de Catherine de Médicis au maréchal de Biron[3], datée de « Villesavyn » le 10 mars 1582, ne jette aucun jour sur cette question, non plus qu'un acte de 1589, dénommant la dame de Villesavin, propriétaire des deux tiers de la dîme de Goslant (paroisse de Tour en Sologne)[4]. En juillet 1612, nous trouvons des lettres du roi Louis XIII, données à Paris, « en faveur de Jean Phelypeaux, sieur de Villesavin, son conseiller, notaire et secrétaire de la maison et couronne de France, de ses finances et commandements, et des finances de la reine mère, acquéreur depuis peu de ladite terre de Villesavin, lui confirmant le droit de « panage et chauffage » déjà donné à Jean Breton[5].

PHELYPEAUX — Écartelé au 1 et 4 d'azur semé de quartefeuilles d'or au franc quartier d'hermines, au 2 et 3 d'or à trois lézards de sinople.

Jean Phelypeaux, chevalier, comte de Buzançais, sieur de Vil-

1 L'orthographe de ce nom varie suivant les auteurs qui ont parlé du mari de Léonor Breton, appelé aussi du Gognier ou du Gaugnier.

2 Bibliothèque municipale de Blois, n° 1694 des archives Joursauvault.

3 Bibliothèque nationale, manuscrit 3351 du fonds français (ancien fonds Béthune), lettre n° 10.

4 Archives de Loir-et-Cher, série 6, n° 124.

5 Archives nationales, P 2878[3].

lesavin, Argy, Moulins en Berry et le Breuil, était le frère de Raymond seigneur d'Herbault, et de Paul seigneur de Pontchartrain. Lors du passage à Blois de Louis XIII, retournant à Paris après son mariage, le journal d'Hérouard mentionne une excursion du roi « dans ses carrosses à Villesavain en Sologne », le 5 mai 1616. Les registres de la chambre des comptes de Blois [1] renferment aussi des lettres par lesquelles Gaston d'Orléans cède à « messire Jean Phelypeaux, sieur de Villesavin, la justice du village et paroisse de Tour, le lieu et closerie de Rougerolles... en contre-échange de deux maisons situées à Blois (28 avril 1637) [2]; » et d'autres encore par lesquelles Gaston d'Orléans, voulant reconnaître « les longs et considérables services que le sieur de Villesavin et ceux de sa famille lui ont rendus et continuent de lui rendre..., lui fait don d'une pièce de terre en triangle dépendant de la forêt de Boulogne, joignant des deux côtés les terres de la maison de Villesavin (1er octobre 1642). » Jean Phelypeaux mourut le 23 novembre 1660, laissant de son mariage avec Élisabeth Blondeau [3] une fille unique, Anne, mariée le 20 mai 1627 à Léon de Bouthillier, comte de Chavigny, un des personnages les plus considérables de la cour de Louis XIII.

Conseiller et secrétaire d'État, grand trésorier des ordres du roi, Léon de Bouthillier garda toujours la confiance du cardinal de Richelieu, qui le recommanda tout spécialement au roi avant de mourir. Aussi ne doit-on pas être étonné de voir Chavigny figurer ensuite avec son père au conseil de régence, et vouloir y faire observer fidèlement le testament qu'il avait reçu de la bouche même de Louis XIII. Éloigné des affaires par Mazarin, qui redoutait en lui un rival, il dut se démettre de sa charge de secrétaire d'État en faveur du comte de Brienne, et mourut, après avoir été mêlé aux premiers troubles de la Fronde, le 11 avril 1652. Neuf ans plus tard, le 26 octobre, sa veuve et sa belle-mère firent aveu de la terre de Villesavin, relevant du roi, à cause de son château de Blois [4]; Anne Phelypeaux

[1] Archives nationales, KK 900.

[2] Contrat passé par-devant Menard et Baudouin, notaires, gardes-notes au Châtelet de Paris. — Ces deux maisons étaient situées près du château, et l'échange fut passé après expertise faite par Mansart, architecte de Son Altesse, assisté de Charles Leguillon, maître maçon, et de Claude Duchêne, maître charpentier.

[3] Contrat du 25 octobre 1609.

[4] Archives nationales, Q1 468.

mourut en 1694, à un âge très avancé, laissant cette seigneurie à son petit-fils, Louis de Bouthillier.

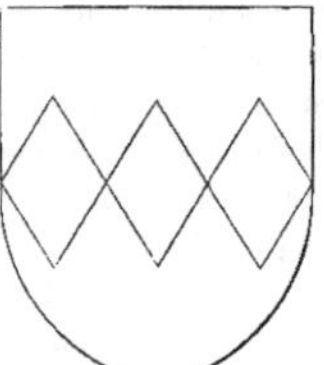

Bouthillier. — D'azur à trois fusées d'or accolées posées en fasces.

Louis de Bouthillier, marquis de Pont-sur-Seine et de Villesavin, colonel du régiment de Quercy, troisième enfant d'Armand-Léon de Bouthillier[1] comte de Chavigny, et d'Élisabeth Bossuet, sœur de l'évêque de Meaux, épousa, le 9 juillet 1709, Antoinette le Gouz-Maillard. Il fit la foi le 30 juillet 1716, à cause de l'avènement de Louis XV à la couronne[2], pour la terre de Villesavin, qu'il vendit le 2 janvier 1719 à Louis-René Adine, écuyer, « à ses hoirs et ayant cause[3] : » ce dernier fit foi le 2 mars suivant.

Adine. — D'azur au chevron d'or accompagné de trois trèfles de même, au chef cousu de gueules chargé d'un croissant d'argent accosté de deux étoiles de même.

Louis-René Adine, écuyer, seigneur de Villesavin, Tour, Monts et autres lieux, fermier général, avait épousé, en 1709, Marie-Mar-

[1] Armand-Léon de Bouthillier, conseiller du roi en ses conseils, maître des requêtes ordinaires de son hôtel, mort en 1684, était l'aîné des quatorze enfants de Léon de Bouthillier et d'Anne Phelypeaux.

[2] Archives nationales, P 1482.

[3] Contrat passé à Paris par-devant Le Chanteur et Boisseau, notaires. — Archives nationales, P 2878[13].

guerite de la Loëre[1], dont il laissa en mourant (Paris, 25 octobre 1721) deux enfants : Marie-Marguerite, mariée en 1732 à Guy-Louis de Franquetot, sieur d'Auxais et de Sainte-Marguerite; et Louis-François-Joseph, capitaine d'infanterie, chevalier de Saint-Louis. Les archives de Loir-et-Cher (série G, nº 194) renferment un acte du 11 février 1723, constatant que « dame Marie-Marguerite de la Loëre, veuve de messire René Adine, écuyer, seigneur de Villesavin, doit au chapitre de la cathédrale de Blois une rente de 20 sous à cause d'une pièce de terre en friche appelée la Potonnière, dépendant de la seigneurie de Villesavin ». Cet acte fut confirmé le 7 septembre 1756 par Louis-François-Joseph Adine de Villesavin; sa sœur lui avait abandonné la portion de la terre de Villesavin à laquelle elle avait droit, et l'autre moitié lui avait été donnée par sa mère : il fit foi le 4 septembre 1749, et épousa, en mai 1756, Louise-Élisabeth Portier de Rubelles. Onze ans plus tard, Louis-François-Joseph Adine fut nommé lieutenant des chasses de Chambord par lettres données à Versailles le 25 avril[2], et mourut à Villesavin à l'âge de cinquante-cinq ans, le 16 juillet 1769 : il laissait une fille unique, Marie-Antoinette, dame de Monts, la Ravinière et Villesavin, qui épousa Charles-Robert, marquis de la Pallu, capitaine de dragons au régiment de Lorraine.

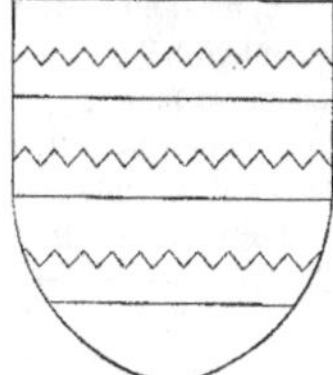

De la Pallu. — D'azur à trois fasces d'argent, denchées par le haut.

D'après un inventaire fait le 21 décembre 1782, nous voyons que la marquise de la Pallu était morte à cette époque, laissant un fils unique, Auguste-Gilles-Charles-François, à qui devait revenir plus tard la seigneurie de Villesavin : il épousa Alexandrine-Marie-Aglaé de la Pallu, sa cousine, morte en juillet 1811, ayant eu quatre filles et un fils, Auguste-Charles-Marie. Ce dernier mourut sans

[1] Celle-ci se remaria en 1730 à Louis-Georges de Johanne de la Carre, marquis de Piffonds. (Armorial général de France L. P. d'Hozier et d'Hozier de Sérigny, reg. IIIe livon 10e, p. 635.)

[2] Archives nationales, P 2880. — Il fut remplacé par Jean-François de la Saussaye.

postérité le 14 janvier 1820, six mois après son père, décédé en août 1819.

Le marquis de la Pallu, nommé tuteur de ses petits-enfants, ne survécut pas longtemps à son petit-fils; il mourut le 27 février 1820, et le conseil de famille décida la vente de la terre de Villesavin, dont le comte et la comtesse de Pradel se rendirent adjudicataires le 20 décembre de cette même année.

De Chardebœuf de Pradel. — D'azur à deux fasces d'argent accompagnées en chef d'un croissant, en cœur de quatre étoiles, et en pointe d'un rencontre de bœuf aussi d'argent

Jules-Jean-Baptiste-François de Chardebœuf, comte de Pradel, ministre d'État, premier chambellan de S. M. Louis XVIII, avait épousé, en 1817, Angélique-Louise-Hermine de Martel, petite-fille du marquis de Bizemont. Il habita souvent le château de Villesavin, qui resta la propriété de sa femme après sa mort (septembre 1857). La comtesse de Pradel y mourut le 9 octobre 1870, laissant la terre et le château à M. le comte Anatole de Bizemont, son cousin, marié en juin 1864 à Mlle Marguerite de Drouin de Bouville.

De Bizemont. — D'azur au chevron d'or accompagné en chef de deux croissants d'argent, et en pointe d'une mollette d'éperon d'or.

LE CHATEAU

DE

HERBAULT EN SOLOGNE

ERBAULT est un petit château situé à quatre lieuës « de Blois, proche de la forêt de Boulogne, bâti « de pierres de taille et de briques, et environné « de fossez pleins d'eau, admirablement beaux. On « y arrive par une avant-cour très grande et très « belle; mais les avenuës, les bois et les jardins « l'emportent encore par leur propreté et par leur « disposition sur les bâtimens, quoy que le dessein « en soit joly et les appartemens bien étendus...[1] » Au milieu du XVIIe siècle, époque à laquelle Bernier écrivait ces lignes, le château d'Herbault n'avait encore subi aucune mutilation : c'était le corps de logis considérable que nous voyons aujourd'hui, auquel venaient, à angle droit, se rattacher deux ailes. Au centre de ce corps de logis s'élevait extérieurement l'escalier, renfermé, comme celui du château de Blois, dans une tour à pans coupés surmontée d'une flèche : des fossés, alimentés par la petite rivière la Bonne-Heure, séparent le château de l'avant-cour, sur les côtés de laquelle s'élèvent les communs reconstruits plus tard par Raymond Philippeaux; les deux colombiers qui les terminent se rejoignaient alors par une suite de bâtiments, détruits vers 1820 par M. Bourguignon. C'est ainsi, nous avons tout droit de le supposer, que cette demeure fut construite en

[1] *Histoire de Blois*. Paris, MDCLI. — Voir aussi les *Essais historiques sur la ville de Blois et ses environs*, de Fournier. Blois, MDCCLXXXV.

1525 environ par Nicolas de Foyal, dont les ancêtres possédaient la seigneurie depuis plus de cent ans.

De Foyal. — De gueules à quatre chevrons d'argent.

On voit, en effet, dans la Chesnaye-Desbois, Guyot de Foyal « fils de Jean, baron d'Ivry près d'Anet et de Notre-Dame d'Herbault en Sologne », qualifié écuyer, seigneur d'Allonnes et dudit Herbault. Il épousa Marie Boyau[1], dont il eut plusieurs enfants : l'aîné, Nicolas, seigneur d'Herbault, et le second, Jean, seigneur d'Allonnes et de Donnery[2]; le troisième entra dans les ordres, et fut chanoine des églises de Sainte-Croix et de Saint-Aignan d'Orléans. Nicolas de Foyal, écuyer, fut maître d'hôtel du roi et de madame la Régente, fit « la foy le 5 juillet 1525 », et obtint, un an plus tard, du roi François Ier, l'usage « de boys mort et mort boys » dans la forêt de Boulogne, « pour beaucoup de considérations[3]. » De son mariage avec Marguerite de Lodières, naquit François de Foyal, premier écuyer tranchant de Madame, mère du roi; marié à Françoise de la Roche, en mai 1526, celui-ci eut pour fils François, deuxième du nom, maître d'hôtel ordinaire du roi, et chevalier de son ordre, qui, en juin 1579, échangea avec le roi le censif de Mons lui appartenant, contre le censif du bourg et village de Bracieux[4]; puis à qui

[1] Contrat du 27 avril 1445, passé par-devant Sazay, notaire à Romorantin. — D'après le chanoine Hubert (*Généalogie des principales familles de l'Orléanais*, vol. IV, f° 135). Guiot de Foyal d'Herbault, sieur dudit lieu d'Herbault, de la paroisse de Fay-aux-Loges, épousa X... des Personnes.

[2] Au XVIIe siècle, un descendant de Jean de Foyal, Alexandre, seigneur d'Allonnes et de Donnery, épousa Marie de Grosil, qui lui apporta en dot les seigneuries de la Sourdière et de Saint-Lubin. En 1789 ces seigneuries appartenaient à Marie-Agnès-Michelle-Françoise de Foyal de Donnery, veuve de Charles-François de Vezeaux, seigneur de Rancougne, marquis d'Herbault en Beauce, dont la famille les possède encore aujourd'hui.

[3] Archives nationales, P 2878[2]. Ce droit fut confirmé en mai 1602 par Henri IV, en faveur de Raymond Phelypeaux.

[4] Archives nationales, KK 899.

le roi, en mars 1582, céda pour toujours la justice haute, moyenne et basse de Bracieux, Neuvy, etc.[1]. De son mariage avec Françoise Lhuillier, François deuxième du nom eut un fils, Annibal, mort sans alliance en 1591. La terre d'Herbault fut alors achetée par Raymond Phelypeaux, et resta plus de deux cents ans dans cette illustre maison, dont la branche aînée, la moins connue peut-être, a pris le nom de Phelypeaux d'Herbault : les autres se sont illustrées sous les noms de la Vrillière, Saint-Florentin, Chateauneuf, Pontchartrain et Maurepas, depuis le règne de Louis XIII jusqu'à la fin du XVIIIe siècle. Cette famille, très ancienne dans le Blaisois, n'avait pas d'armoiries : au commencement du XVe siècle, Jean le Picard dit Phelypeaux, seigneur de la Brosse-Gastée, trésorier de France, marié à Marguerite Thierry, fille de Jean Thierry, capitaine de la ville de Blois, adopta celles de son beau-père; et plus tard sa descendance les a écartelées de Cottereau, après le mariage de Guillaume Phelypeaux avec Perrette Cottereau [2].

PHELYPEAUX. — Ecartelé au 1 et 4 d'azur semé de quartefeuilles d'or au franc quartier d'hermines, qui est Thierry; au 2 et 3 d'or à trois lézards de sinople, qui est Cottereau.

Raymond Phelypeaux, arrière-petit-fils de Guillaume [3], est qualifié seigneur d'Herbault, de la Vrillière, du Verger et de la Cour Saint-Lubin. Né en 1560, il fut d'abord secrétaire de la chambre du roi, puis, en 1586, secrétaire des finances et secrétaire du roi; en 1591 trésorier de l'épargne par la démission de Balthazar Gobelin, son beau-père; et enfin, en 1621, au camp devant Montauban, Louis XIII

[1] Archives nationales, KK 899.

[2] L'Hermite Soulier, *Nobiliaire universel de Touraine*. — Bernier, *Histoire de Blois*.

[3] Jean le Picard, dit Phelypeaux, eut pour fils Jean, deuxième du nom, père de Guillaume; Guillaume fut seigneur de Villesablon, trésorier de France, grenetier du grenier à sel de Blois, etc. : son fils aîné fut Raymond, premier du nom, secrétaire du roi, qui, marié à Robine de Luz, eut pour fils Louis Phelypeaux, conseiller du roi au présidial de Blois, père de Raymond, deuxième du nom, seigneur d'Herbault.

le fit secrétaire d'État en remplacement de Paul Phelypeaux de Pontchartrain, son frère puîné, mort à Castel-Sarrazin le 20 octobre de cette même année.

Ne pouvant rapporter ici la vie complète de ces illustres hommes d'État [1], dont Bernier et tant d'autres auteurs ont fait la biographie détaillée, nous nous bornerons à dire que l'estime générale les suivit dans les différentes fonctions qu'ils eurent à remplir. Raymond Phelypeaux accompagna le roi au siège de Suse, en Piémont, et y mourut le 22 mai 1629, laissant de son mariage avec Claude Gobelin (11 juillet 1594) sept enfants, dont l'aîné, Balthazar, fut seigneur d'Herbault, et fit foi le 22 avril 1632 [2]. Chevalier, conseiller au parlement de Paris reçu le 18 février 1618, puis trésorier de l'épargne et conseiller d'État ordinaire, Balthazar Phelypeaux ne démentit pas la confiance que Louis XIII et Louis XIV avaient mise en lui. Après s'être distingué dans les charges qu'il avait occupées, il mourut le 25 février 1663, ayant épousé Marie le Féron, dont il eut trois enfants : l'aîné, François, fut seigneur d'Herbault, et fit foi le 3 mai 1666 [3]. Conseiller au parlement, il épousa Anne Loysel, qui mourut en 1685, et eut quatre enfants : Antoine-François, Louis-Balthazar, Henri et une fille.

Antoine-François Phelypeaux, conseiller au parlement de Metz, intendant général de la marine, accompagna le comte de Toulouse, amiral de France, dans son expédition contre les Anglais : il mourut, le 17 octobre 1704, des suites d'une blessure qu'il avait reçue sur le vaisseau amiral, au combat naval livré devant Malaga, où périt aussi son frère puîné Henri, capitaine de vaisseau (24 août 1704). De son mariage avec Jeanne Gallon (5 mai 1695), Antoine Phelypeaux laissait un fils, Georges, et une fille, Marie-Anne, mariée le 17 juillet 1725 à Gabriel du Guesclin. Georges Phelypeaux, seigneur d'Herbault, fut reçu conseiller au parlement de Paris le 31 mars 1719 [4]; en 1727, il fut pourvu de la charge de lieutenant du roi du gouvernement de l'Orléanais au département de Blois, et prêta serment en cette qualité entre les mains du roi le 2 mars. Il résida dès lors presque toujours à Her-

[1] De 1610 à 1781, les Phelypeaux ont donné à la France onze secrétaires d'État, dont un chancelier et trois ministres; cinq archevêques ou évêques; huit commandeurs des ordres du roi, etc. etc.

[2] Archives nationales, P 1481.

[3] *Id., ibid.*

[4] La foi fut faite au nom de Georges Phelypeaux, âgé de quatorze ans, seigneur d'Herbault, le 23 juin 1712. (Archives nationales, P 1481.)

bault, où il mourut subitement le 30 octobre 1744, et fut enterré en l'église de Neuvy-sur-Beuvron, sa paroisse. Georges Phelypeaux avait épousé, le 26 janvier 1729, Marie-Anne-Louise de Kérouartz, et eut trois fils et une fille; nous nous occuperons seulement ici de l'aîné, Georges-Louis, et du troisième, Jean-Frédéric. Le second, chevalier de Malte, mourut sans postérité en 1749; et leur sœur, Rosalie-Félicité, épousa Pierre-Armand-Claude de Vigier, procureur général en survivance au parlement de Bordeaux.

Georges-Louis Phelypeaux naquit à Herbault le 25 décembre 1729. Après la mort de son père, ce fut lui qui, comme aîné, fit la « foy tant en son nom que comme garantissant en paraige ses frères et sœur[1] », le 18 août 1746. Successivement abbé commendataire de l'abbaye royale de Thoronet, archevêque de Bourges en 1757, puis abbé commendataire de Saint-Lucien de Beauvais et de Saint-Benoit-sur-Loire, conseiller du roi, et enfin chancelier de ses ordres en 1770, cet éminent prélat venait chaque année faire un long séjour à Herbault, et se plaisait à y accueillir magnifiquement la noblesse du voisinage, toujours empressée à venir l'y saluer. Lorsque son frère Jean-Frédéric revint d'Allemagne après la guerre de Sept ans, il lui donna à Herbault l'hospitalité la plus complète, et il semble dès lors lui en avoir abandonné la jouissance absolue. On voit, en effet, depuis cette époque (1765, 1767, etc.) figurer dans un grand nombre d'actes paroissiaux de Neuvy, de Bracieux et des environs, « Jean-Frédéric Phelypeaux et sa femme Marie-Adélaïde-Félicité de Sturm » en qualité de seigneur et dame d'Herbault[2]. Nous ne savons pas si alors Jean-Frédéric était véritablement marié, et si dans ce cas cette union était valable en France; nous constatons seulement que, cédant vraisemblablement aux instances de son frère, il tint à régulariser cette situation... « Le 7 août 1780, à huit heures du soir, en vertu de la dispense de Mgr l'évêque d'Orléans..., ont été mariés messire Jean Phelypeaux d'Herbault, mestre de camp de cavalerie, chevalier de l'ordre royal et militaire de Saint-Louis, et Marie-Adélaïde Sturm, demeurant tous deux en cette paroisse[3] ». Devenu lieutenant pour le roi de l'Orléanais, Dunois et Vendômois, et gouverneur du château royal de Blois, Jean-Frédéric Phelypeaux mourut à Orléans

[1] Archives nationales, P 1482.

[2] Dans quelques-uns de ces actes, Jean-Frédéric est titré comte d'Herbault, bien qu'à notre connaissance la terre d'Herbault n'ait jamais été érigée en comté.

[3] Actes paroissiaux de Neuvy.

le 25 décembre 1784, précédant de trois ans dans la tombe son frère l'archevêque de Bourges, dernier représentant de la maison de Phelypeaux d'Herbault, qui mourut à Paris le 23 septembre 1787.

La succession de Georges-Louis Phelypeaux fut alors recueillie par ses deux nièces, l'une fille unique de son frère, l'autre[1] fille unique de sa sœur; et la terre d'Herbault, qui en faisait partie, fut rachetée le 23 mars 1793, suivant jugement des criées du jugement de Paris, par Mme de Phelypeaux d'Herbault, au nom de sa fille mineure Eugénie-Adélaïde-Louise-Frédérique. Quelques années plus tard, le 5 mai 1800, Mlle de Phelypeaux d'Herbault mourut, laissant sa mère pour unique héritière. En 1805, celle-ci, âgée de soixante et un ans, se remaria à Claude-François-Jacques de Montarcher, ancien conseiller au parlement de Dijon, dont la prodigalité et l'inconduite dissipèrent promptement les débris de la fortune des Phelypeaux. Le divorce fut demandé en 1812 par Mme de Montarcher, qui gagna sa cause devant les différentes juridictions où elle fut portée[2]; et la terre d'Herbault, saisie alors pour payer les dettes de ces époux mal assortis, fut achetée le 28 septembre 1814 par le comte Charles-Jean-Innocent de Courcy, au nom et comme mandataire de Jacques-François le Cousturier de Courcy, demeurant en sa terre d'Andé, près Louviers, au prix de 302,400 livres.

LE COUSTURIER DE COURCY. — D'azur à trois croissants d'argent.

Deux ans plus tard, le 6 novembre 1816, suivant acte reçu par Me Pardessus, notaire à Blois, la terre d'Herbault fut revendue par M. le Cousturier de Courcy et Victoire Ciret, sa femme, à M. Denis-Simon Bourguignon, moyennant la somme de 360,000 francs. Marié

[1] Élisabeth-Olympe-Armande-Louise-Félicité de Vigier, mariée à Agésilas-Joseph de Grossoles, marquis de Flamarens, maréchal de camp, lieutenant général de Saintonge.

[2] Voir le t. IIIe des œuvres de N.-F. Bellart, procureur général près la cour royale de Paris.

à Mlle Marie Bergevin, M. Bourguignon mourut sans enfants au château d'Herbault le 20 mars 1824, après l'avoir mutilé en grande partie, nous privant ainsi d'admirer l'œuvre de Nicolas Foyal dans son intégralité. Par acte du 30 octobre 1827, les héritiers de M. Bourguignon vendirent l'ancienne seigneurie des Phelypeaux à M. Henri-Aimé-Alphonse Laurent, ancien négociant à Blois, président du tribunal de commerce, et à sa femme, Élisabeth-Françoise Couteau, moyennant la somme de 130,000 francs; l'importante terre du Verger et le château construit avec les matériaux provenant de la démolition d'Herbault en avaient alors été séparés. M. et Mme Laurent sont demeurés propriétaires de la terre d'Herbault jusqu'en 1838, époque à laquelle ils la vendirent à M. Marie-Philippe-Édouard Labbe de Champgrand, marié, par contrat du 12 février 1835, à Marie-Élisabeth Herry de Maupas.

Labbe de Champgrand. — D'argent à trois fasces de gueules au lion d'or armé et lampassé de gueules, couronné d'or brochant sur le tout.

M. de Champgrand mourut à Herbault à l'âge de soixante-cinq ans, le 9 mai 1871, laissant trois enfants, dont l'aîné, Marie-Georges, marié à Mlle Marie Le Normand de Flaghac, est actuellement propriétaire du château d'Herbault.

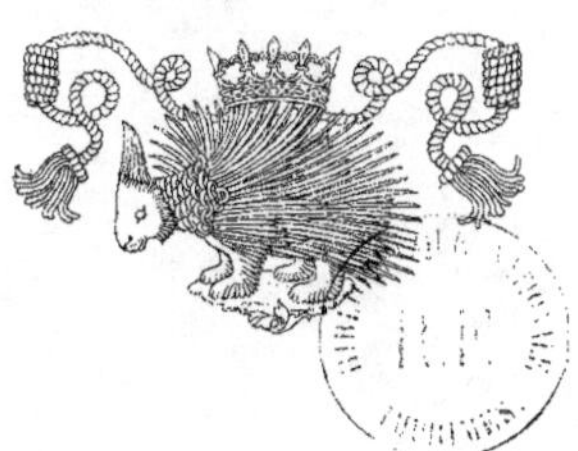

www.ingramcontent.com/pod-product-compliance
Lightning Source LLC
LaVergne TN
LVHW052025160826
845678LV00003B/1208

* 9 7 8 2 3 2 9 6 4 9 3 3 7 *